GERARDO ROCHA

LIBRO PARA PENSAR

Todo... está en ti

$$A = \{A, B, C, \ldots\ldots\infty\}$$

LA VANIDAD INTELECTUAL RECHAZA LO SIMPLE,
Y NO TIENE TIEMPO

Grijalbo

TODO... ESTA EN TI
Libro para pensar

© 2003, Gerardo Rocha
© 2003, Random House Mondadori S.A.
   Monjitas 392, of. 1101, Santiago de Chile
   Teléfono: 782 8200 / Fax: 782 8210
   E-mail: editorial@randomhousemondadori.cl
   www.randomhousemondadori.cl

   Segunda edición para EE.UU.: marzo de 2005

   ISBN Nº 1-4000-9271-x
   Inscripción en el Registro de Propiedad Intelectual Nº 130.942

Diagramación de interiores: Gloria Barrios
Impreso por: Salesianos S.A.

Presentación

¿Un árbol? Casi una persona, y no porque está en pie, sino porque sufre, sangra ante los golpes, aunque no se queje. Muere, aunque no agoniza. Todas las primaveras se cubre de flores, pájaros y nidos. Todos los otoños nos entrega su carga dorada.

Ese árbol eres tú, Gerardo.

Es tu libro: brotando de aquella región que está en lo profundo, aquella región umbrosa donde los pensamientos hunden sus raíces.

Intuiciones, comprobaciones, experiencias.

Verdades que no necesitan ser demostradas, y cuya exactitud no se mide con las reglas de la lógica aristotélica.

Lo evidente está ahí, a la vista, pero estaba escondido, soterrado; nadie lo percibía, sino sólo tú. Las evidencias estaban en ti, eran tú mismo.

¿Para qué razonar? ¿Acaso la luz necesita ser demostrada?

¿Por qué tu árbol crece como la luna? ¿Dónde están los nidos? ¿Dónde se escondieron los pájaros?

Tu árbol me parece demasiado hermoso. ¿Dónde están las cicatrices abiertas por el rayo? ¿Y las ramas tronchadas por el vendaval? En la vida, y en la vida maduran y fecundan.

Me voy, y te dejo con tus estrellas. Entréganos cada otoño una cesta de frutos dorados.

IGNACIO LARRAÑAGA

A: ....

De: ....

Todo... está en ti.

El árbol de este libro... ése eres tú

Autobiografía

Nací en la Tierra un cierto año de la historia, en San Bernardo un 23 de abril (9 meses antes), viví en Monte Grande y en Gastonia, Carolina del Norte, cerca de los Apalaches. Mis primeros padres, Esteban y Elena; mis segundos padres, el Dr. y la Sra. Lowell Jennings, un misionero de la India y del África. Doce años, y un día descubrí la armonía. Desde entonces mis Padres y mis padres son mis hermanos. El sufrimiento y el conflicto han sido mis compañeros, entre vidas que se quiebran y otras que nacen, el dolor de lo perdido y la alegría de nuevo. El recorrido terrenal, infierno, purgatorio y paraíso lo conozco de memoria. Algún día cierta decisión me detendrá. La energía, el sexo, la materia y el espíritu, la inteligencia y la creatividad, el mal y el bien me penetran y abandonan sin descanso dejando, al pasar, la experiencia y la luz que habrán de permitir el rompimiento estruendoso de cadenas y el grito triunfal de la esquiva libertad. Fe, voluntad, fe en mí mismo, coraje; la mediocridad me ha tratado de vencer y detener, pero desde la fuente inagotable del anhelo de perfección no se escucha a los que abandonan sus propias construcciones. En la Argentina conocí el árbol, las flores, los pájaros, la tierra fértil y profunda. El árbol, creación que más admiro. Los animales e insectos y todo lo que es vida. Me asombra esta obra.

El cielo, sus estrellas y las historias de la Biblia dejan profundas enseñanzas. Hay humanos que se admiran de sus pequeñas obras.

El árbol, lo más hermoso, lo más importante, lo que algún día desearía llegar a ser... un árbol frondoso, de tronco grueso, altivo, sereno ante la tormenta, las caricias del sol, hogar de los pájaros del cielo.

El árbol, árbol que amo, árbol de Dios, árbol en mi vida, árbol de vida.

Debo agregar que he hecho lo que la mayoría ha hecho: trabajado, escrito poesía, canciones, tenido hijos, estudiado, viajado. Es tan poco. Lo más importante es lo otro. Cuando tenía 5 años de edad, en Monte Grande planté mis primeras semillas, que compré con las monedas que robé a mi Madre. Salieron los primeros pensamientos. Árboles que planté, hoy dan sombra y sus raíces afirman la tierra.

En las estacas de alrededor de la casita de madera donde vivíamos, ponía los nidos de los horneros que buscaba en las alturas.

En la mañana llegaban, sabían que lo único que quería

era su alegre compañía, observarlos por mi ventana; ahí se quedaron, acompañándome… siempre.

Ésta es mi biografía. Mi guitarra, mi familia, mis lápices y mis hojas de papel.

GERARDO ROCHA

Existo... Porque existes

Dedico esta obra a los que me enseñaron a amar y por sobre todo... a TI.

También al organillero de mi infancia, las sopaipillas
de la Margot, Pinocho, Tarzán, a los adobes, el parrón y las
gallinas, al Titán, el Bobby, Tom la tortuga y Papelucho, la
escarapela, el himno, la bandera, los horneros y el pan
amasado que hacía mi abuelita, las matemáticas y la plata,
los pensamientos, los ángeles, el mes de María, los lápices
de colores, el barro, el caballo, la vaca, los peces de la ace-
quia y los timbres de las casas que me servían de entreten-
ción y, a los mejores... los que más pronto verán a Dios...
los Viejos.

PARA TI

Cada frase, cada pensamiento si los lees de corrido de nada te servirán, y se notaría que en tu vida todo lo haces así: superficialmente. Entonces nunca conocerás la verdad, la esencia, ni siquiera el sabor, porque tu propia imaginación ya lo reemplaza.

Analiza, medita y lee sólo una frase, piensa y profundízala en diferentes momentos de tu existencia, por ejemplo: "No sea que por destruir abandones tu propia construcción"; si la lees superficialmente dirás: "está bonita esta frase", o "es verdad, así es" y pasarás a la página siguiente. En cambio, si la meditas diciendo: en realidad cuando alguien me daña quiero también dañar, o a veces quiero dañar por envidia, por rencor o por cualquier otra razón, y por preocuparme de otros, de planificar su fracaso, o mi ascenso a costa de pisotear, estoy gastando mi energía y mi tiempo en un plan que si me llega a dar resultado me durará tan poco tiempo. Pero lo peor no es el daño que yo pueda causar a alguien o a algo, porque éste se puede reestablecer con más fuerza que antes, sino que por preocuparme de destruir he abandonado mi propia obra, he gastado mi inteligencia, mi energía, mi ánimo, mi ser en algo que sólo me ha dejado un gran vacío de insatisfacción y no tengo fuerza para continuar lo propio, y en ese tiempo abandoné el trabajo, todo y todos me abandonan, ya no tengo nada y debo volver a empezar con más sacrificio y esfuerzo que al comienzo.

Al final favorecí a quien dañé y me hice un daño al abandonar algo positivo por algo negativo. Entonces, haré en adelante como dice la Biblia: "Pondré la otra mejilla" y contendré mis deseos de venganza, mi rencor, mis malos sentimientos, para no tener que abandonar mi propia obra que es lo más importante para mí, para mi familia, y para mi país. No importa que otros me hagan daño, porque al actuar bien me apoyarán los justos y los buenos, que solidarizarán no con la víctima, sino con "el que ha sido capaz de poner la otra mejilla", y entonces, dejaré que los perros ladren, incluso que me muerdan, que mi acero les quebrará los dientes, sin que yo me mueva de mi lugar; me preocuparé de lo bueno y sólo de lo bueno. Así va adquiriendo valor cada frase y cada pensamiento. Piensa, medita, profundiza, si no, no he cumplido mi objetivo al escribir este libro. Quiero fervientemente compartir contigo mis experiencias y mi vida. Si aprendes realmente esta sola frase que enuncié para ti en el comienzo, toda tu vida puede cambiar y sé que te das cuenta de lo importante que es progresar y subir. Tú vales, eres importante y yo... te quiero.

RECÍBEME... Y TE DARÉ

Después de cada frase, haz una meditación. Léela al día siguiente... descubrirás un nuevo sentido o su vacío.

RECÍBEME... Y TE DARÉ

Después de CADA FRASE haz una meditación. Léela al día siguiente... descubrirás un nuevo sentido... o su vacío. Meditación y oración, meditación y oración..., meditación y oración...

Lee, sobre todo en tus buenos momentos para que aproveches la luz y EL IMPULSO DEL BIEN. Lee, también en tus malos momentos para que puedas ver en la oscuridad y te impulses... HACIA LA LUZ.

A —→ B —→ C ......∞

Todo está en ti, el camino,
la solución, la vida, el paraíso y
el infierno, los problemas no existen,
conócete, ser para dar más

Estos pensamientos se parecen a los que tú escribes... has de saber que la voz interior que ha guiado tu puño... es la misma que habita... en mí. Y el blanco es nuestra experiencia, que por distintos caminos vamos llegando a la esencia de nuestra existencia... el blanco lo escribes tú porque debo respetar lo más precioso de tu vida... tu intimidad. Una sola frase... el resto de la hoja es tu vida... y sólo falta... un acento.

Sólo el alma escribe, crea y compone… la razón jamás podrá hacer lo que el alma hace

Todo está en ti...
tan cerca que no lo ves

Conectarse con ese inmenso mar de amor, donde se agradece la oportunidad de dar, donde se necesita dar. Cielo y Paraíso. Tu autenticidad es lo mejor que tú tienes, de lo demás debes desprenderte, arrójalo muy lejos que tu verdadera persona es un ser maravilloso, lleno de verdad y de amor.

Quien se anda fijando en los
errores ajenos... de seguro no
quiere reconocer los propios

En nuestras debilidades...
está la fuente de nuestras fuerzas

Los problemas más difíciles...
tienen las soluciones más simples

En el opuesto... está la verdad

Los problemas no existen...
es tu interpretación

**Los grandes son los pequeños...
que se corrigen**

**En todo hombre existe una
razón... para ser lo que es**

No es que los demás no te entiendan... tú no te das a entender

La verdad mal dicha no es verdad

No es éxito ni fracaso... es tu actitud

Madurez es estar cada vez más cerca... de la verdad

Mientras más cerca estoy de la verdad... menos dudo de mi existencia

Desdichado aquel que lucha por
su verdad, y dichoso aquel que
lucha por la verdad

No pidas opiniones sobre lo que
harás, que la obra terminada se
expresa mejor que tú

Conócete...
conociendo a los demás

Está solo... quien se siente solo

A nadie convencerás mostrando
esa bruta roca sobre la cual
esculpirás... divina perfección

Los que lloran... también tienen razón

Cuando observo todo lo que tengo me maravillo de tener tanto, y si algún día perdiera algo de mí, algo es tanto, y si es tanto, entonces todo lo que me queda es... infinitamente tanto

Nunca tenemos nada... siempre tenemos mucho

Nada te persigue, nada te atormenta, es tu miedo… eres tú

La felicidad… el placer no es felicidad… es su opuesto. La felicidad es el conjunto de renunciaciones dolorosas breves, a los placeres e intereses personales, para el bien de todos y de la voluntad de Dios; y el gozo posterior permanente que expande el espíritu hasta cubrir el universo entero en felicidad y éxtasis celestial. "El placer es un espejismo de felicidad", en un desierto seco y mortal, que muchos recorren sufriendo y sufriendo, de espejismo en espejismo… porque ignoran… esto.

Yo y los demás = Todos

Deberías sentirte culpable por tener... sentimientos de culpa

Lo que piensas de ti... es lo que piensas de ellos

Desarrolla tus valores y reconoce tus cualidades… crecerán y desplazarán tus defectos

Deja que el mediocre se preocupe de tus errores, y tú de tus aciertos

*Sólo un mediocre piensa
que un hombre jamás puede caerse*

Eso que no puedes perdonar...
deja de hacerlo tú

Preocúpate de lo bueno y sólo de lo bueno... que desplazará lo malo

Un hombre sin ideal, es sólo carne y hueso

Un castigo bien merecido, es
siempre bien recibido
Reconocer... es cambiar

Eres... lo que criticas
Es importante no endeudarse y
cuando criticas, te endeudas con
quien criticas

"Tiene derecho a criticar
quien tiene corazón para ayudar",
Lincoln

La solución de tus problemas,
está en no criticar a los demás

Debes superar todo aquello que
te desagrade en los demás

Los ídolos de los mediocres... son los supermediocrcs

La mediocridad es no aceptar tu propia realidad

Por el tamaño de la respuesta que des a quien te ofenda, sabrás el tamaño de la verdad que hay en la ofensa

En el desprendimiento y la
renunciación, están
la verdad y la vida

Lo falso hace sufrir,
lo verdadero trae paz

Por cada premio que rechazas en la tierra… un premio te espera en el cielo

Mi más grande conmoción se produjo
cuando conocí la podredumbre en quienes
ostentaban reciedumbre, y cuando conocí
la riqueza en quienes parecían
podredumbre y no pude más que concluir:
somos todos iguales

Lo que admires llegarás a ser... y
lo que desprecies también

No te dediques a perfeccionar a
tus hijos sino... a perfeccionarte

Tan imperfecto soy...
que hasta me creo perfecto

Todo lo que te sucede, bien o
mal... sólo tú lo has permitido

No es falta de amor...
es falta de amar

Todo está en ti...

Preocúpate... por estar
preocupado

Ocupado, no preocupado,
sino ocupado

**Con la admiración,
nos comunicamos con aquellos
que admiramos**

**El verdadero amor…
no hace sufrir**

Calla… y escucharás

Recibir algo inmerecido…
es mucho peor que no recibirlo

Fundamento de la verdad

Nunca culpes a tus padres, que
ellos culparán a tus abuelos

Cuando alguien te cae mal, es que
no te soportas ni a ti mismo,
menos soportarás a otro

El sufrimiento resulta…
de la posesión sobre las personas y los objetos

*La felicidad resulta
del amar a las personas
y al mundo*

El ofensor no daña, pero sí el ofendido, por el hecho de sentirse ofendido

Sientes envidia hacia quien crees
que tiene más de lo que se
merece

El compartir...
es el remedio de la envidia

Porque quien comparte...
lo merece todo

Envidias mis progresos materiales, pero no envidias mis progresos espirituales

**Éxito interior...
no éxito exterior**

Al hombre se le mide por lo que
hace, y no sólo por lo que dice

Cortando el tronco…
cae el árbol

Quien mucho repite soy muy correcto, es porque se le olvida

Cometiste errores...
y yo también los he cometido

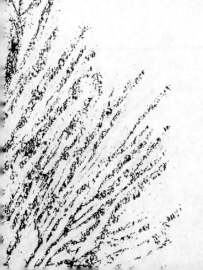

La preocupación en exceso,
resulta de la falta de fe

Tanto hablo de la mediocridad,
que ya siento como si me
perteneciera

Dormir bien… es vivir bien

Esa buena idea que no te deja dormir… mejor duerme, porque no es tan buena

Las buenas ideas
producen paz y no agitación

$$E_c = 1/2\, mv^2$$

Tan imperfecto eres, que sólo
podrías vivir con perfectos

Mientras más imperfecto soy,
más perfección exijo a los demás

No necesitas que te aplaudan
porque tú ya te aplaudes
demasiado

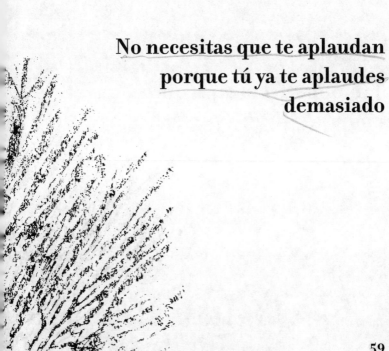

A menudo la locura...
es saber apasionadamente

A mis enemigos mi perfección debo, porque implacables jamás error me han perdonado, y su crítica incansable ha sido el gran sable, que sin el mayor cuidado mis grandes males de raíz... ha cercenado

Quien abunda en explicaciones… no está muy convencido de lo que explica

Tu silencio y tu no… dan tanto más que tus palabras y tu sí

También tu sí

Si abres el corazón, abrirás la fuente de la energía

Existo… porque existes

Por cada segundo de dolor...
años de felicidad

Y por cada segundo de placer,
años de infelicidad

**No amas a quien te sirve,
sino a quien sirves**

Dar... para recibir

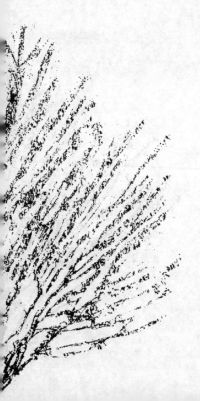

El amor puede convertir hasta el
más mortal de los venenos...
en el más dulce de los néctares

Dios es creador y quien crea...
es de Dios, se acerca a Dios,
hasta ser con Dios

Sólo haciendo todo por amor he podido conocer la felicidad y la verdad, aunque mi diminuto intelecto no comprende cómo, por qué, ni aun el para qué

Dios primero,
los demás después...
yo ¡último!

Quien no sabe dar...
no sabe recibir

Tampoco sabe pedir,
y cada vez que le dan,
queda en exceso comprometido

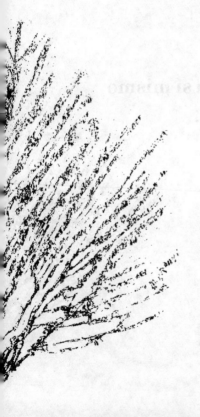

Todo es amable
y todo
se puede amar

Recíbeme...
y te daré

Amar es también...
amarte tú

El que se ama sólo a sí mismo
es tan desdichado...
como el que
sólo ama
a los demás

Amar es saber también aplicar a tiempo... el golpe que endereza

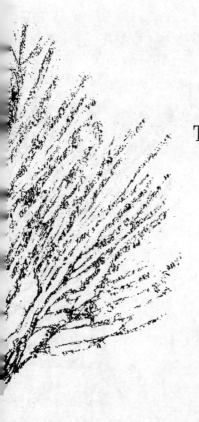

Tu egoísmo exigente
no te deja ver
esas pobres almas
que claman
por tu amor y...
por un poquito
de perdón

Perdonando se pierde nada...
y se gana todo

El amor despierta
tus sentidos,
mejora tu
entendimiento
y te abre la puerta
de la vida

Hasta el más feo cuando ama...
se embellece

El amor es infinito y el que ama... sabe

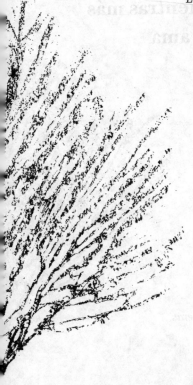

De un acto de amor
nacieron
todos los oficios,
todos los trabajos
y todas las ciencias

Es bueno retornar al origen

No podría tener enemigos ni
competidores, porque para
practicar el amor se ama a todos y
todos se aman y mientras más
son, más se ama

Tu mejor amigo...
búscalo
en tu peor enemigo

No es tan duro... ni doloroso, anda y verás...

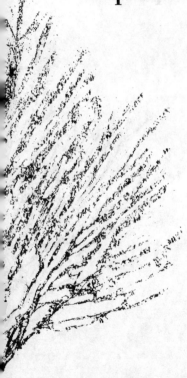

Si dudas de mí, si me mientes, si me traicionas, si me odias, te perdono… y me amarás

Es un gran error pensar que el
matrimonio es para ser feliz,
cuando es… para compartir la
vida

Amor necesita
Satán, que si lo
odias entonces odias,
y si lo amas,
tu amor es infinito

Para pensar

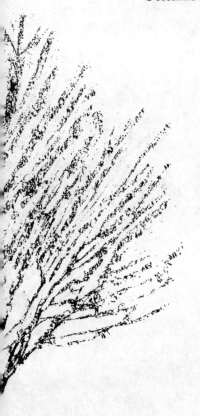

Amo en cuanto sirvo… y no en cuanto me sirven

La felicidad se consigue… despojándose

Tu mejor amigo debe ser… tú mismo

Todo está en ti…

El descontrol emocional es
súplica para sí…

Y el control emocional
es guardar para el resto

Aprende a escuchar hoy...
y a contestar mañana

Estar juntos no es para ser feliz,
sino… para compartir la vida

Te perdono y entonces
te amo, te amo
y entonces… soy

El amor se prueba más... amando a quien más cuesta amar

Hablar para dar, no para lucirse ni para recibir

*clave de la seguridad
en sí mismo*

Te perdono...
y me amas

Si eres el primero en reconocer tus cualidades, qué le dejas al resto

No se apaga el dolor desde fuera, sino... desde dentro

FRÍO EN EL ALMA

(Poema de la Energía)

Mi alma tiembla...
mil puñales la atraviesan,
se retuerce, se entumece;
mis pecados la desnudan, y tirita...
Alma mía, perdóname que
ya te traigo un poquito de
calor, y otro poquito para
que te abrigues con mi amor...
Pobrecita, tan humilde, tan buena,
me conmueve pura ingenuidad...
Perdóname por desnudarte
que ya te traigo más calor
Alma mía, de mi vida

El dolor es su abrigo,
el placer su frío, la renunciación su calor...

**Lo que se escucha con el corazón,
que no lo escuche la razón**

**El placer es un pobre sustituto…
del amor**

Te doy, tú me das… y nos unimos

El amor se prueba más… con lo
que más cuesta amar

No seas tan terrenal y tan
perecedero, trata de subir,
descubre la vida y su
verdadero contenido

Tu apetito espiritual se llena si lo
llenas, pero tu apetito material
mientras más lo llenas…
más se vacía

A medida que aumenta nuestra perfección material, aumenta nuestra atención por lo superficial

El apetito espiritual se sacia en la abundancia y el apetito material se sacia en el desprendimiento

En el opuesto está la verdad

Tanto el altruismo como el materialismo son etapas que deben superarse

Muchas veces es mejor detenerse y perder algo... que seguir y perderlo todo

A Pou Hei Hao

Vale mucho más enfrentar los errores de tu decisión... que un arrepentimiento hipócrita

No me cansa el trabajo, sino... los males de mi espíritu

Cansancio

Siempre estarás insatisfecho cuando tu meta sea recibir, y estarás siempre satisfecho cuando tu meta sea dar

Simple

El equilibrio entre el dar y el recibir cuesta más... mientras más se tiene

Una simple conclusión

Actuar por conveniencia... es lo que menos conviene

97

Embaucadores y embaucados...
se llevan muy bien

*Embaucadores y embaucados
son la misma cosa*

La luz se ve...
con los ojos cerrados

**Quien sabe perder lo ganado…
ya ganó**

**Donde hay muchas cosas resaltan
las cosas, y donde hay pocas
cosas… resaltas tú**

Cuando logres todo, fama, riqueza, vino y mujeres, aún tendrás una oportunidad... para empezar a vivir

Si los ricos tuvieran segunda vida, elegirían ser pobres, y los pobres... ser ricos

Tres años de paciencia divina...
a la tercera es la vencida

Siempre tengo éxito, y estoy siempre feliz y satisfecho porque mis metas no son muy ambiciosas… y porque es poco lo que pido

Lo más difícil es enfrentarse al
éxito… con éxito

El obstáculo más grande para el
progreso espiritual,
es creer que ya se progresó

Lo material sirve...
a la expresión de lo espiritual

Lo material se valoriza
en cuanto sirve como herramienta del espíritu

Buena casa...
para tu buen espíritu

Lo mismo que se quiere recibir
se puede dar,
que si se da se recibe,
que si se quiere recibir
no se recibe

Cambia el objetivo material por el espiritual, y obtendrás lo material para servir a lo espiritual

Si el objetivo de tu vida es engrandecer la propiedad, cuando ésta se destruya te destruirás también

El materialismo limita nuestra visión… y se transforma en el peor de todos los negocios

Contaminación, etc.

Para los materialistas todo es accidental… incluso su nacimiento

Espera lo inesperado
que así…
estarás preparado

El temor nace...
de los falsos propósitos

No temas... que los temores se vuelven realidad

No me idealices ni me materialices... ámame

Levanta la barrera de tu orgullo...
y deja pasar al amor

Podarnos, siempre podarnos, no agregar, sino restar

El sufrimiento tritura la materia... y resucita el espíritu

El ser inauténtico es un parásito de nuestro Ser auténtico

Absorbe la energía…
somos dos

Quien se lamenta de recibir poco… es porque da poco

En el desprendimiento
y la renunciación
están la verdad y la vida

Los que se lamentan de recibir
poco…
es porque piden demasiado

Excepto los que piden
y no tienen nada,
porque no les queda nada

Cansado no pienses en las cosas del trabajo, que el cansancio se rebela y exagera más de la cuenta un problema que al otro día verás… era tan pequeño

**Para mantener tu éxito…
niégate a lo que querías ganar
con el éxito**

La gran diferencia entre lo material y lo espiritual es que lo material tiene un valor temporal, momentáneo, mientras que lo espiritual tiene un valor infinito

Siempre se tiene mucho...
nunca se tiene poco

El mal y el bien merecen
nuestra consideración,
placer y dolor

Usad el mal para el bien

Incluso lo malo... es bueno

Vivimos porque existe el mal...
y porque existe el bien

$$2H^+ + 2\overline{e} \Longleftrightarrow H_2$$

Para elegir entre el mal y el bien... debes conocer ambos

Hay formas de conocer el mal

**Quien sabe abrir las manos
para dar… las sabe abrir
para recibir**

**Muestra repentinamente la luz a
un ciego… y lo cegarás para
siempre**

Lo que es malo lo encuentra malo el bueno y el malo; y lo que es bueno lo encuentra bueno el malo y el bueno

$(+)\ (+) = +\ /\ (-)\ (-) = +$

$(-)\ (+) = -\ /\ (+)\ (-) = -$

Si no hubiera inviernos y veranos, alegrías y tristezas, odio y amor, seríamos sin vida

$$Na^+ + OH \rightarrow \; <=========> Na\,(OH)$$

Los externos son válidos sólo
como referencia en el logro del
equilibrio

El bien y el mal... los dos se
necesitan

$$K\,eq = \frac{[H+]\;[OH-]}{[H_2O]}$$

Todo tiende a la muerte
y la vida es el movimiento

*La vida es el movimiento
y todo tiende a la muerte*

Lo mejor de la vida es la muerte y
así... resucitar

Ni en el mal ni en el bien
se conoce la realidad,
quien está en el mal conoce lo
peor, y quien está en el bien
conoce lo mejor

se conoce la realidad,
quien está en el mal conoce lo

Fe, confianza, perseverancia

El mejor consejo
que puedes dar es...
haz lo que debes hacer

Haz el bien y serás feliz
¿palabras?...
haz la prueba...
una sola vez

No confundas a los religiosos con la religión

Qué infelices y desgraciados somos en lo negativo, y tan felices y dichosos en lo positivo

Una conclusión simple

Las dificultades son el aviso divino que nos indica lo que debemos cambiar

Los obstáculos son... el trampolín de nuestra vida

Tres años
de paciencia divina

Todos estamos progresando
espiritualmente,
y todos llegaremos
al mismo lugar,
aunque vamos todos…
en diferentes
etapas del
camino

$$x = \dfrac{\sqrt{-b \pm \quad b^2 - 4ac}}{2a}$$

Escucha tu voz interior que te dice la verdad, quiere escucharla y la oirás, pregúntale… y te responderá

La voz interior... es la voz de Dios

Todo... está en ti

*No pocas veces
alguien imita
muy bien esta voz*

Un genio y un buen político
podrán convencer mi mente,
pero sólo la verdad convence mi
corazón

La intensidad de calor dentro de mi pecho… es la medida de mis acciones y pensamientos

Ser y no sentir que se es

Fe es creer sin ver lo que se tiene que creer

Todos desean el éxito...
pero nadie su sufrimiento

El sufrimiento, si lo enfrentas con nobleza y con fe te dará un sitial en la tierra y un sitial en el cielo

Ese dolor inmenso que sientes
en tu pecho...
son tu orgullo y vanidad...
que por fin mueren

**No vaya a ser
que por no ceder…
fortalezcas tu debilidad**

Si tú sabes que toda herida sana… ¿para qué te desesperas por sólo ese momento de tu larga vida?

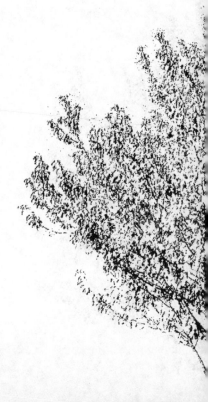

Debo recordar lo malo, en especial los errores del pasado, y sólo así podré medir mis progresos

Vanidad espiritual

Las decisiones importantes se piensan 1, 2, 3, 4, 5, 6, 7, 8, 9, 10… veces

El que no puede no tiene más que desear lo que no puede, para así poder lo que no podía

También el que puede

El control emocional es...
la fuente de la verdad

No represión, sino control

**Deja que los perros ladren,
incluso que te muerdan...
que tu acero les quebrará
los dientes**

*Frase compuesta con mi
amigo Quijote*

No sea que por preocuparte de destruir… abandones tu propia construcción

No te ilusiones demasiado...
que te desilusionarás

La infelicidad
existe en función
de la felicidad

$F = f(i)$

Las limitaciones...
son salvadoras de almas

**Hace unos días
son para mí
hace mucho tiempo…
y los años venideros…
el día de mañana**

Si estás tan confundido,
pregúntate si estás viviendo
en la verdad,
¿no será que
tu ilusión
no coincide
con la realidad?

El dolor y el sufrimiento
son lo que más enseña
acerca de la vida

Quien sabe esperar recibe...
hasta lo inesperado

Amar… es tener

Mis padres
mi país
mi familia
mi trabajo
mi Dios

Lo que nunca se ha tenido...
es lo que más cuesta perder

Renunciando a lo propio... obtendrás todo lo mucho más que no te es propio

En algún lugar por alguna
razón, algunos no recibieron
ese amor que tanto
necesitaban y
de tanto buscar,
no se dan
cuenta de su
hermoso y
trascendental...
destino

Grandes sufrimientos... hacen grandes hombres

Los ignorantes... sufren

Y por el sufrimiento se engrandece el espíritu...

Mi orgullo y amor propio
de nada me sirven,
más que para
confundir
mis verdaderos
sentimientos y
para llevarme
por caminos...
de infelicidad

Un gran dolor
en mi corazón,
vino el amor…
y me salvó la vida

Al otro lado del dolor...
está el paraíso

Al otro lado del placer… está el infierno

La muerte...
embellece el alma

En el opuesto...
está la verdad

La solución no siempre se busca... se espera

Saber esperar dinámicamente

La caja fuerte se abre... con la llave de la paciencia

No toda situación te exige
una pronta decisión…
siéntate y espera…
en silencio

Con calma…
todo sale más rápido

No ataquemos el dolor
con más dolor...
sino con amor

Existe un regalo para el placer y
otro... para la felicidad

Lo falso hace sufrir...
lo verdadero trae paz

El placer viene envuelto en papel dorado con una gran rosa roja, en una caja que al abrirla está repleta de gusanos, contoneándose y devorando tu carne y tu espíritu

En la negación del placer… está la felicidad

Sólo se sufre… por ignorancia

*Y por el sufrimiento
se engrandece el espíritu…
reemplazando la ignorancia
por sabiduría…
hasta llegar…
a la felicidad*

Quien se lamenta de lo que le pasa, es que no puede vencer su flojera

Lo que te pase... que pase

Si el lamentarte no soluciona tu problema ni te hace más feliz, alégrate por lo poco que has perdido y por lo mucho que aún te queda

El momento más feliz
de mi vida fue
cuando descubrí que
la felicidad permanente...
existe

El pecado es muerte… con apariencia de vida

Te sientes solo, deprimido, incomprendido, rechazado, anda y llama, anda y pide, verás qué equivocado estás

Progresar,
siempre progresar,
parte por parte

El engrandecimiento de un pueblo... es el engrandecimiento de cada uno de ese pueblo

La consolidación de las partes resulta en la consolidación del todo

el mar es... de gotas

La consolidación del todo
resulta en la absorción de las
partes

Todo tiene que ver con todo
y en todo hay de todo

De la confluencia armónica de los detalles... emerge el ser perfecto

$$\sum a + b + c + n = A$$

Siempre obtendremos lo que deseamos... lo difícil está en saber... qué se desea

Si quieres que te aprecien, haz cosas para que te aprecien

Grande es tu error si piensas que el perdonar es por el otro, cuando es por ti mismo

Genios e inteligentes

Dibujo para pensar:

99% buena

1% podrida

**Inteligencia
no es comprender cómo,
por qué...
es simplemente
comprender**

La ciencia es la hija
arrogante del amor

Falta de fe y exceso
de razón vacía el corazón

Es bueno retornar al origen

Todo, excepto el concepto todo en la vida es relativo, el cual es absoluto, es relativo...

Mucho conocimiento nubla la expresión de la verdad y me convierte en ignorante

*Aprender
desaprender
reaprender*

Hay tantos genios aplastados e inhibidos por un medio que no los puede comprender, que no los puede aceptar y que no los puede querer

Era tan inteligente...
que eligió ser un insecto

Genio pesimista

Ni un genio podría actuar siempre bien... por interés personal

Quien no sabe dar... no sabe pedir

Tampoco sabe recibir

Basta que un inteligente me critique para que otros "inteligentes" también lo hagan

Y si me felicitan…
tampoco saben por qué me felicitan

El animal "racional" se diferencia de los demás animales porque va siempre contra la naturaleza

Y siempre pierde

En lo simple está la verdad, y en lo complejo… la falsedad

$$\left\{ \frac{a(i \sum a + b)}{\sqrt{x^3 + 3\lambda}} \ Q \right\} = A$$

Una gran inteligencia se necesita
para entender lo falso, en cambio
la verdad es más fácil que la
entienda el que no la tiene, que
el que la tiene

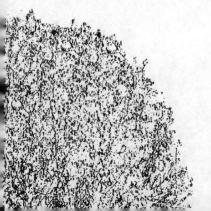

Cuando se dice la verdad no hay que ser tan hábil para convencer

No ataquemos nuestras alarmas
naturales, que así nos damos
cuenta si algo malo nos sucede

El futuro es maravilloso, todo va de acuerdo al plan general de la evolución natural

Importa el futuro, para que importe el presente y el pasado

$$\frac{Pasado + Futuro}{2} = Presente$$

Fui, soy y seré...
Temporalidad

El equilibrio es un desorden... ordenado

$$k\,eq = \frac{[\text{H+}]\,[\text{OH-}]}{[\text{H}_2\text{O}]}$$

La oscilación existe
en función del equilibrio
y lo importante
es elevar cada vez más
el nivel de oscilación

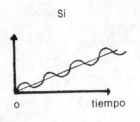

Sí

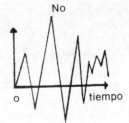

No

$$X = \gamma \operatorname{Sen} \ 2\pi \left\{ \frac{t}{T} - \frac{a}{\gamma} \right\}$$

Los problemas no existen...
sólo existe tu interpretación

Fórmula para pensar:

$$\frac{\text{depresión} + \text{excitación}}{2} = \text{Estabilidad}$$

$$\frac{d + e}{2} = E$$

En la distancia recorrida se
produce la energía, y a mayor
distancia, mayor energía.
A mayor imperfección, mayor es
la probabilidad de llegar a la
perfección

$$C = \frac{2 \times 1.47 \times 10^{110} \, m}{980 \, seg} = 3.000 \times 10^{8} \, m/seg$$

Los principios son absolutos y en los caminos hacia el fin cobra valor la relatividad

El fin y los principios, la relatividad los une

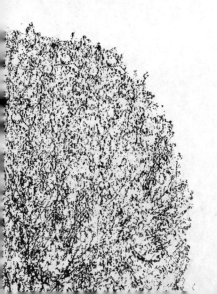

*En fin y los principios...
son lo absoluto*

No sea que por tener demasiados pensamientos, se pierda... un pensamiento

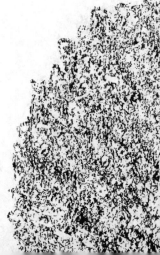

El control es fuente… de verdad

Grandes destructores son potencialmente grandes constructores

y viceversa

Si todos fuéramos perfectos...
¿en qué trabajaríamos?

No trates de ser inteligente, sino de ser simple

La exageración...
es la madre de la
incredulidad

El pecado es un insaciable consumidor de energía sin retorno, la virtud en cambio la consume, la devuelve y... la multiplica

La verdad mal dicha... no es verdad

*No es que los demás
no te entiendan...
tú no te das a entender*

Cuando la situación te es difícil... es la vida que te trata de tonto

Con cariño

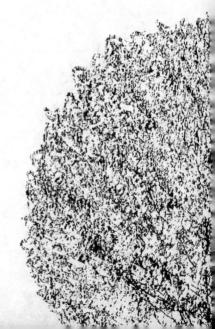

Ser sincero,
generoso y
humilde

Tanto hablas de tus progresos,
que no tienes tiempo para
progresar

Quien mucho habla de sí...
deja callado al resto

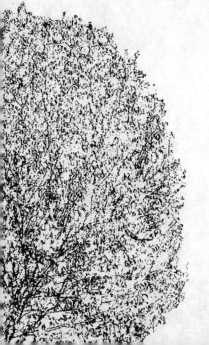

A mi Iglesia le doy mi dinero, de modo que para pecar disponibilidad no tengo

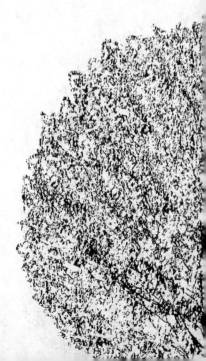

La ostentación de lo positivo es la gran brecha que se abre a favor de lo negativo

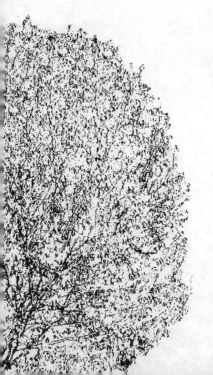

Si respondes al que te insultó...
entonces logró su objetivo

Quién eres tú para no aceptar lo
que te ofrecen

No lo que tú quieres, sino... lo
que Dios quiere

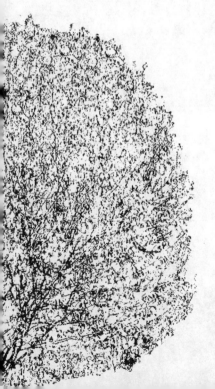

**Los demás nunca te exigirán...
más de lo que les has prometido**

**Ser sincero no
significa hablar
de cosas que no
te entenderán**

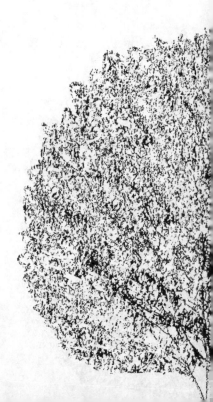

Quien mucho dice soy muy
derecho, es porque es muy
chueco

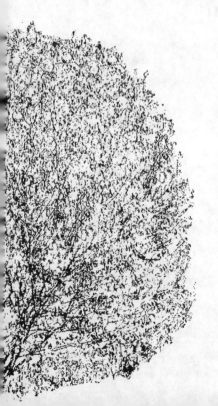

Conoce lo de otro
y apreciarás
como nunca
lo propio

El golpe que te dan rebota,
siempre que tú...
no lo recibas

El golpe que te dan
siempre rebota...
no lo devuelvas tú

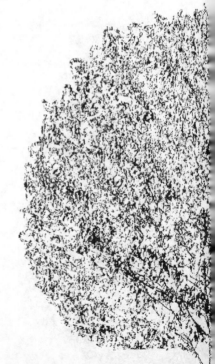

$$\frac{\text{Sen } i}{\text{Sen } \delta} = \frac{\lambda_1 \, AB}{AB\lambda_2} = \frac{\lambda_1}{\lambda^2} = K$$

**Por cada premio
que recibes en la Tierra...
renuncias
a un premio
en el cielo**

Ir contra la corriente es difícil, únete a ella, la desvías y te devuelves con ella

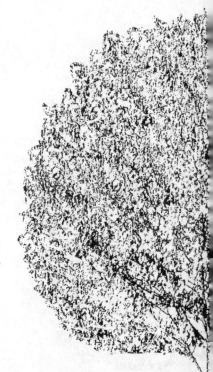

$$(y-k)^2 = 4p(x-h)$$
Clave del éxito exterior e interior

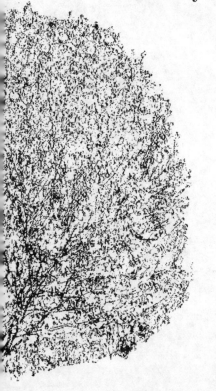

**No imitar, sino ser, no imitar,
sino seguir**

Ser... y no sentir que se es

Autenticidad

La copia refuerza el original...
cuando es original

Embaucadores y
embaucados...
son la misma cosa

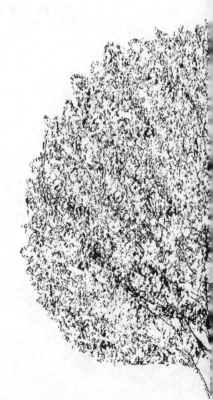

Grande es tu error
si piensas que
los religiosos son
la religión

Quien mucho
presume rectitud,
cambia mucho
de actitud

Triunfar es hacer bien lo que estás haciendo ahora

Yaquí

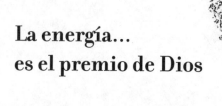

La energía...
es el premio de Dios

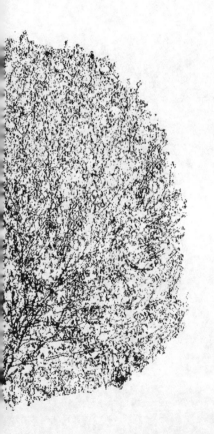

Un hombre con fe...
es imbatible

La grandeza
del hombre
es la grandeza
de Dios

*Y la pequeñez del hombre
es la pequeñez del hombre,
y la grandeza es Dios*

Ser feliz es ser simple...
y hacer lo difícil

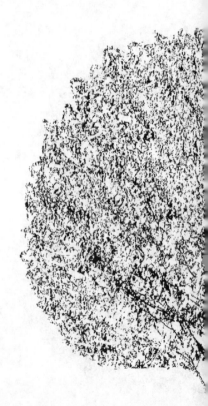

Predica sólo lo que eres

Ser... como se es

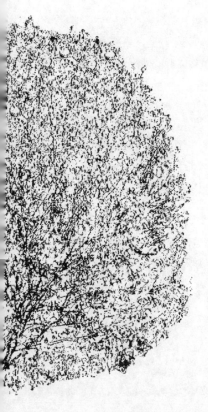

Predica sólo lo que eres
y no lo que no eres

En los proverbios
y refranes
de tus abuelos,
está resumida
la experiencia
de la humanidad

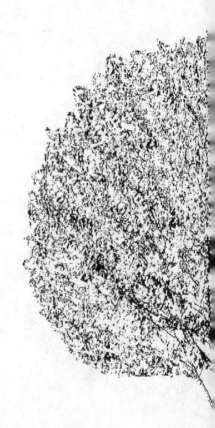

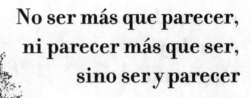

Ser y parecer

No ser más que parecer,
ni parecer más que ser,
sino ser y parecer

Mientras me sepa
pequeño...
seré grande

Mi problema es
que tengo tanto,
y aún pido más,
cuando ya...
tengo tanto

El ser auténtico
es lo mejor de ti,
es diferente...
y único

Ser...
para dar más

Por las frases que escribes,
deducirás la etapa que vives

Ser...
y no sentir que se es

Los proverbios
son la explicación
más simple
de lo más
difícil

Los proverbios
son la explicación
más simple
de lo más
difícil

Con paciencia
todo se logra, sin
precipitación
y buscando lo
mejor, lo
verdaderamente
mejor

No te esfuerces
para no actuar mal...
sí esfuérzate
para actuar bien

Descubre qué es primero,
si 248 ó 249.
Qué es más verdadero...
y después
ve el complemento
en pág 265

No te esfuerces
para actuar bien,
sí esfuérzate
para no actuar
mal

Reconocer y cambiar... no sólo reconocer

Reconocer... y cambiar

Quieres correr
y no puedes...
empieza
por caminar
más rápido

Gente buena...
se rodea
de gente buena

Y hace gente buena

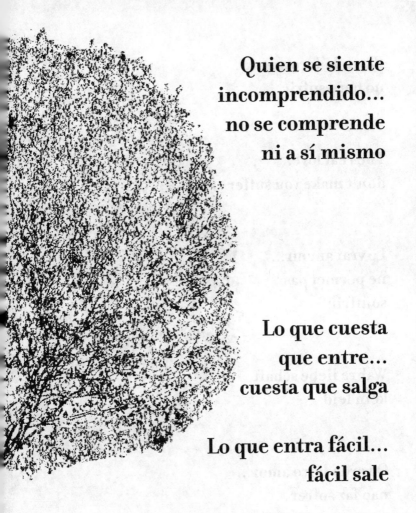

Quien se siente
incomprendido…
no se comprende
ni a sí mismo

Lo que cuesta
que entre…
cuesta que salga

Lo que entra fácil…
fácil sale

253

El verdadero amor…
no hace sufrir

The real love…
don't make you suffer

Le vrai amour…
ne permet pas
souffrir

Wahre liebe schaft
kein leid

O verdadeiro amor…
nao faz sofrer

Verus amor…
nequit poenam
conferre

Prawdiwa milose…
nie pozwala zierpiec

सच्चा प्रेम किसी
को दुःख नहीं देता है ॥

ὁ ἀψεύδης
ἀγάπη δέν.....

الحُبُّ الحَقيقي ... لا يؤلِم

真正的爱情..... 那会使人痛苦

255

Fin y comienzo...
has llegado al final del libro...
y el árbol floreció y dio buenos
frutos...
dejarás que crezca otro y tú...
serás con Dios

Esta obra es un testimonio de fe, esperanza, amor, en la vida y en el hombre.

Da sentido a la existencia valorando las cosas sencillas y cotidianas.

El estilo es claro, sencillo, preciso, la lectura se hace fácil e interesante, incentiva a la meditación y a buscar el perfeccionamiento.

- Ayuda a desarrollar el pensamiento reflexivo sobre el hombre mismo, el sentido de la vida y la trascendencia de la existencia humana.

- Permite conocer obras que se vinculan a los intereses personales del receptor y que unen a su valor intrínseco una exaltación de la dignidad humana.

- Coadyuva a desarrollar una mejor comprensión de los estados de conciencia y del comportamiento del receptor.

- La sentencia "Todo está en ti" es el comienzo de un gran cambio en la vida del lector, quien aprenderá el valor del progreso y la perfección.

Extracto Informe Ministerio de Educación de Chile. – 1985
Texto Clase A para Filosofía y Castellano

Agradecimientos

Agradezco a todos los que con su crítica y reconocimiento han ayudado a hacer menos imperfecta esta obra, desde mi escasa y pobre participación.

Gracias por no confundir a los religiosos con la religión.

Reflexión Final

Clave interior fundamental

Todo lo que es falso me hace sentir mal, me deprime y me preocupa. En cambio, todo lo que es verdadero me trae paz, armonía y calma mi ser.

Cada vez que estoy preocupado, deprimido o eufórico, descarto la causa de ello porque es verdad, aunque mi mente me indique todo lo contrario. La euforia es lo mismo que la depresión. Sentirse y estar mal es un aviso divino que muchos pierden de tanto insistir en el error, que ya no se dan cuenta cuando se alejan del camino.

Fundamento, fin y comienzo

Filosofía

Todo es bueno, lo malo se trasforma en bueno. Las crisis son positivas. Le sirve esto a cualquiera. Si se pierde algo no se resucita llorando, sino sintiendo que es bueno, porque hay una verdad profunda maravillosa reservada sólo a gentes especiales, capaces de amar y ver la luz. El amor es luz, alumbra e ilumina descubriendo la verdad. Lo que se muere es la materia y ésta siempre muere, pero el espíritu no.

Piensa

Si las enfermedades terminaran, los doctores se acabarían; si la ignorancia, los profesores, si el mal, los sacerdotes, bien y mal.

De la conjunción del mal y del bien emerge la existencia. Si no, no existiríamos. Por el pecado existimos.

Cuando pensamos que existir es mejor que no existir, y además nos preguntamos si hubiera sido mejor no haber nacido que nacer... estamos muy confundidos...

La vida

El mal originó el bien, sístole y diástole, médico y enfermedad, ignorancia y profesor, noche y día, si no hubiera existido el mal no hubiera existido el bien. En el cielo no existe el bien porque no existe el mal, existe el amor, que no es el bien.

El amor permite que por el mal, emerja el bien.

Adán y Eva estuvieron en el paraíso, pero el demonio los sedujo y fueron expulsados a la tierra donde existe el sufrimiento y donde vive en potestad el mal origen de la vida, vida terrenal, etapa inferior a la perfección humana de la muerte, porque el mal y el bien, ambos son la vida.

La vida es el mal y el bien como también su relación. La vida no es mal ni bien, es ambas, inseparables, la muerte es el cielo, no es mal ni bien, no es conflicto ni lucha, ni inquietud y los que creen que cortándose la vida encontrarán la paz se verán de vuelta en vida y otra vez, hasta que por su resignación, sufrimiento y dolor en vida, merezcan morir.

Porque la muerte es el estado superior más sublime, más perfecto, a través del cual se entra en los cielos donde los ángeles escoltan los espíritus hasta la presencia misma de los santos, de Jesús y finalmente de DIOS.

En felicidad suprema y éxtasis infinito el espíritu no pierde ni un segundo de los nuestros en recordar el pasado terrenal, lo ha dejado por fin, para siempre. No se preocupa, como el demonio hace pensar a los ingenuos, en molestar abriendo puertas o haciendo ruidos, apareciéndose en imágenes, en sueños o en mensajes sobrenaturales, se aprovecha de los supersticiosos y de los ignorantes para que éstos crean que hay espíritus cerca, molestando a algunos, y contestando a otros con bondad y sabiduría; el demonio se ríe y juega con los humanos de la tierra donde es rey; tierra donde vuelven una y otra vez los que creen que muriendo su cuerpo, pueden abandonar el único lugar donde existe el infierno, el paraíso y el purgatorio, porque aquí existe el bien y el mal olvida y en el cielo no existe el paraíso, ni infierno, ni purgatorio porque no existe bien ni mal.

Hasta el más rico y hasta el más perfecto de los mortales deberá pasar por el sufrimiento y la miseria más crudas, antes de merecer morir.

Porque morir un cuerpo no es morir y quien haya soportado la vida con humildad y en el dolor, y aún así haya amado y perdonado, tenido fe y progresado, sólo éstos tendrán derecho a morir para alcanzar los cielos porque en la tierra vivimos los peores, y en el cielo está lleno de perfección y de gentes perfectas, muchos de ellos no hán ni siquiera sido enviados a la tierra porque nunca han sido castigados. Adán y Eva son sólo una de las miles y miles de familias que en todo el universo existen, y nosotros somos su familia y sus descendientes los humanos con defectos, y el demonio nos cuida, nos tortura, nos place y nos da... la vida.

Complemento 248-249

"No te esfuerces para actuar bien;
sí esfuérzate para no actuar mal"

Esforzarse para decir la verdad no es lo mismo que esforzarse para no mentir, o sea, decir la verdad no es lo mismo que no-mentir, hay una leve diferencia. Obligarse (de esfuerzo) a decir la verdad es obligarse al amor, y el amor es vertiente natural de Dios.

Rechazando el mal y evitándolo se logra lo contrario: el bien; y gracias al impulso que obtenemos por rechazo al empujar el mal (voluntad) Dios agrega a nuestro impulso, más impulso: entonces no te esfuerces para actuar bien, sí esfuérzate para no actuar mal que el bien es nuestro origen natural. Somos imagen y semejanza de Dios, el mal se agregó después... por eso... podarnos, siempre podarnos, no agregar, sino restar. Con fe sabrás también cuándo esforzarte para actuar bien... después del rechazo al mal.

El amor emerge espontáneo y sin esfuerzo cuando con esfuerzo (voluntad) se ha preparado la tierra, rechazado la pereza, sacado la maleza, la circunstancia inesperada, sin preocuparse del mal, sin dialogar con él, sin atenderlo, sino rechazándolo con reemplazo por el bien, en nuestra mente, en nuestro entendimiento y en nuestra acción. El rechazo del mal no es violento, es de amor, en silencio, de oración y de acción en el bien. "Con amor... se rechaza el mal, y con violencia... se rechaza... el bien", así es más verdadero rechazar el mal para que emerja espontáneo... el bien.

Autenticidad

SÉ AUTÉNTICO, que si muestras falsa imagen, ganarás falsos amigos, falsa compañía y falsa vida.

No tengas miedo a mostrarte a otros tal cual eres, descubrirás que el rechazo que creías resulta en aceptación.

Lo que creías peor de ti puede ser lo más maravilloso que puedes ofrecer.

No temas y anda. SÉ COMO ERES, no como tú piensas que los otros piensan acerca de cómo los otros quieren verte.

SÉ AUTÉNTICO, aun si pierdes por ahora, no importa, en efecto perderás lo falso y pensarás por un momento que te has quedado sin nada, con un fracaso para siempre. Pasarás por un vacío si lo que tenías era falso; pero algo tenías, pasarás por el vacío de no tener nada; querrás volver; poco a poco el vacío se irá llenando con verdad y no querrás volver nunca más atrás. Ese vacío no se llenará tan rápido como quisieras, porque lo que rápido llega así también se va.

La verdad entendida y vivida nunca más te deja; te dará alegría y felicidad. SÉ AUTÉNTICO, que la gente real es mejor que los actores, y si deseas llegar a tener lo que en otros admiras, lo tendrás y serás como el que sueñas, poco a poco, sin permitir que falsas ilusiones te detengan en el camino de tu perfección.

SÉ AUTÉNTICO, tal como eres; como te nazca, no como piensas que los otros desean que seas, porque eso ya es pensar demasiado. SÉ AUTÉNTICO.

Grande es tu error si piensas
que el perdonar es por el otro,
cuando es por ti mismo

Cuando reces, hagas oración
o meditación… acuérdate de mí…
aunque sea sólo un segundo… un segundo

Todo está en ti…

… todo …

El árbol de este libro…ése eres tú